Wohin?
Warum?
Wie war's?

Warten auf
PANORAMA

Zugspitze

Spaß und Kultur an
Kochel- und Walchensee

Ute Fischer
Bernhard Siegmund

Ein Buch aus dem

Redaktionsbüro Fischer + Siegmund
In den Rödern 13
64354 Reinheim

Fotos: Fischer (10), Siegmund (10)

Das Buch wurde nach bestem Wissen zusammengestellt. Für die Richtigkeit der beschriebenen Angaben wird keine Gewähr übernommen

ISBN: 978-3-7528-23295-5

© 2018 Ute Fischer + Bernhard Siegmund
Herstellung und Verlag:
BoD- Books on Demand, Norderstedt

Zugspitze

Ich/ wir war(en) schon in New York, Boston, Chicago, Rom, auf Zypern, in allen europäischen Ländern, auf allen Mittelmeerinseln, auf den Kanaren und Azoren, aber noch nie auf Deutschlands höchsten Berg, der Zugspitze. Fast hätte es geklappt vor etwa 60 Jahren, als ich als Schulkind drei Wochen in einem Ferienlager meiner Heimatstadt Hof in Füssen verbrachte. Wenn ich mich recht erinnere, kostete die Auffahrt zur Zugspitze damals um die zwölf Deutsche Mark. Die hatte ich zwar von Zuhause mitbekommen; aber danach wäre ich komplett blank gewesen. Also hatte ich gelogen und die Erzählung nur erfunden.

Auch Bernhard, mein Mann, war der Meinung, dass er noch nie auf der Zugspitze gewesen sei. Aber während unserer Reise dorthin fiel es ihm ein, dass er doch als junger Bursch dort gewesen sein müsse. Er konnte sich sogar noch daran erinnern, dass er mit seinen Freunden den Eibsee am Fuße der Zugspitze in einem Spaziergang umrundet habe. Aber als er nun den Eibsee von oben in voller Größe sah, wusste er, dass der viel zu groß ist, um mal eben herum zu spazieren.

Zur Zugspitze wollten wir auch, weil just vor

einem Monat die neue Seilbahn eröffnet worden war. In zehn Minuten vom Eibsee hoch auf das „Top of Germany" klang schon verlockend. Allerdings musste auch das Wetter dazu gut sein, wollte man nicht mit der Seilbahn durch den Nebel fahren. Deshalb nahmen wir uns eine volle Reisewoche vor; da müsste doch wenigstens ein einziger Tag mit klarer Sicht dabei sein. Schaumermal.

Die Zugspitze

Sie ist mit 2.962 Metern der höchste Gipfel des Wendelsteingebirges und gleichzeitig Deutschlands höchster Berg. Das ganze Massiv liegt elf Kilometer südwestlich von Garmisch-Partenkirchen in Bayern und im Norden Tirols. Die Grenze zwischen Deutschland und Österreich verläuft über den Westgipfel. Quelle: Wikipedia.

Der Name hat nichts mit Eisenbahn zu tun, sondern mit dem ursprünglichen Wort „Zugspüz", was sich vermutlich von „Zugbahnen von Lawinen" ableitet. Im Mittelalter nannte man die hohe Erhebung „Schartten". In einem Vertrag aus dem 17. Jahrhundert taucht erstmals das Wort „Zugspüz" auf. Erst in einer Karte aus dem Jahr 1836 steht eindeutig der Name Zugspitze.

Ursprünglich hatte die Zugspitze drei große Gipfel. Der Mittelgipfel fiel 1930 einer Seilbahn-Gipfelstation zum Opfer. Der Westgipfel wurde 1938 für eine geplante Flugleitstelle der Wehrmacht gesprengt. In seiner ursprünglichen Form gibt es heute nur noch den deutschen Ostgipfel. An seinem Fuß breitet sich der Eibsee aus. Die offizielle Erstbesteigung fand am 27. August 1820 durch den Vermessungsingenieur Josef Naus, dem Bergführer Johann Georg Tauschl und einen Messgehilfen namens Maier statt.

Das Klima auf der Zugspitze wird gerne mit Spitzbergen verglichen. An durchschnittlich 60 Tagen des Jahres herrscht Föhn mit außergewöhnlich hohen Temperaturen. Doch die meiste Zeit ist auf dem Gipfel mit Minus-Temperaturen zu rechnen; auch im Sommer. Also: Handschuhe, Schal, warme Mütze.

Quartiersuche

Der Blick auf die Landkarte weckte Erinnerungen an die erste Urlaubsreise meiner Eltern so in den 50er Jahren. Sie waren mit dem Motorrad von Hof nach Oberbayern gefahren. Noch bis zu ihrem Tod mit fast 103 Jahren erzählte Mutti von dieser Reise zum Kochelsee, Walchensee, Eibsee und von der steilen, engkurvigen Kesselbergstraße, die sie nur mit mehreren Kühletappen für das vermutlich untermotorisierte Motorrad Marke Zündapp überwinden konnten. Und so fiel mir der Ort Kochel auf der Landkarte sofort ins Auge. Über booking.com fand ich ratzfatz das Hotel Waltraud. An unserem gewünschten Termin 3. Mai herrschte anscheinend noch finstere Vorsaison. Es gab sogar ein Pauschalangebot für 3 Übernachtungen im Doppelzimmer für 204 Euro. Dass dies nur ein einfaches Zimmer sein musste, war uns klar. Aber schließlich wollten wir nur ordentlich übernachten. Nicht mehr. Nach jenen geplanten drei Übernachtungen könnten wir uns vor Ort noch etwas anderes, vermeintlich Besseres suchen.

Kochel, etwa 60 Kilometer südlich von München, ist über die Autobahn A95, idyllischer auch über die Landstraße B11 zu erreichen. Den Lesern, die uns persönlich kennen, erzählen wir gerne, dass wir in München-Bogenhausen einen Stopp bei unserem, vielen unserer Freunde und Nachbarn bekannten Vorbesitzer unseres Häuschens, Bernd-Robert und seiner Frau Yingying samt Sohn Felix einlegten, uns zu echt bayerischem Leberkäs einladen ließen und erst danach nach Kochel weiterfuhren.

Das Hotel liegt, wie wir wussten, in der Bahnhofstraße und genau vis á vis des Bahnhofs, was uns schon ein bisschen Bedenken machte. Würden wir nachts und frühmorgens aus dem Bett fallen, weil gerade ein Güterzug vorbei rauschte? Hört sich nicht so an. Kein Wunder, der Strecke endet hier. Ein Sack-Bahnhof. Hingegen die relativ viel befahrene Straße, die am Hotel vorbei zur ebenfalls stark befahrenen Mittenwalder Straße führt, verspricht einiges an nächtlicher Unruhe. Aber: Unsere Fenster gehen nach Hinten raus und bieten bayerische Idylle. Es ist Anfang Mai und die als Frischfutter gepflegten Blumenwiesen wiegen sich vor dem tiefgrünen Hintergrundwald in saftiges helles Grün mit viel goldgelbem Löwenzahn und weißen Sprengseln aus Wiesenschaumkraut und Schafgarbe. Darauf schweigende sahnekaffeefarbene Kühe, deren Pupse bekanntermaßen lautlos in unsere Klimasphäre entfleuchen.

Kochel am See

Der anerkannte Luftkurort, ein ursprüngliches Fischerlehen, hat etwas mehr als 4.000 Einwohnern und liegt im oberbayerischen Landkreis Bad Tölz-Wolfratshausen. Zu ihm gehören rund 70 Prozent des Kochelsees und der gesamte Walchensee. Erster Siedlungsraum am

Fuß der heutigen Kesselbergstraße am Südufer des Kochelsees wird in die Zeit um 1200 v.Chr. datiert. In der Römischen Kaiserzeit habe dieses Territorium zur Provinz Rätien gehört. Näheres kann man im Kloster Benediktbeuren erfahren. Dieses Kloster wurde zusammen mit dem Kloster Kochel im achten Jahrhundert eingerichtet. Die Ungarn zerstörten das Frauenkloster Kochel im zehnten Jahrhundert. Bis auf die Kirche St. Michael wurde es nie mehr aufgebaut. Hausberg ist der Herzogstand, dessen Kulisse bei Spaziergängen um den See immer präsent ist. Wir haben vor, mit der Seilbahn hochzufahren. Angeblich sehe man dort oben Kochel- und Walchensee gemeinsam. Jeweils am 15. August findet hier der Festgottesdienst des Kocheler Heimatfestes statt. Danach zieht der Trachtenumzug zur Seepromenade und die Kocheler feiern sich selbst.

Tourismus Information: Bahnhofstr. 23,82431 Kochel am See, Tel. +49-(0)8851-338, Fax +49-(0)8851-844, E-Mail: info@kochel.de. Es gibt zwei Campingplätze: www.campingplatz-kesselberg.de. ,

Unser Zimmer im ersten Stock würde bescheiden sein, das wussten wir. Obwohl ich mir sehr sicher war, ein Doppelbett bestellt zu haben, finden wir in dem lang gezogenen Zimmer zwei Einzelbetten vor. Weil ich nicht gleich mit Meckern bei diesem sagenhaften Preis Unruhe stiften will, akzeptieren wir das. Auch die nachträglich eingebaute Bad-Kabine schlucken wir. Wie wir später erfahren, stammt das Haus aus Anfang des 20. Jahrhunderts. 1964 kaufte es die jetzige Inhaberfamilie Bichelmayr, benannte es nach dem Vornamen der Ehefrau Waltraud. Heute wird es von ihren Töchtern Maria und Lisa noch immer unter Mithilfe „der Mamma" geführt.

Aus dem Jahr 1988 stammen die lustigen Badekabinen, die in die vorhandenen Zimmer eingebaut wurden. Sie sehen ein wenig aus wie die Bäder auf kleinen Kreuzfahrtschiffen. Und tatsächlich glaubte ich beim Betreten stets ein leichtes Schwingen wie auf einem Schiff zu spüren. Aber: Alles da auf engstem Raum. Eine musikalische Schiebetüre aus Holz davor. Nur der Unterschied im Bodenniveau von etwa 20 Zentimetern macht mir Sorgen. Wenn man da nicht daran denkt beim „Aussteigen", kann das zu einem schweren Sturz führen; vor allem in der Nacht, wenn man schlaftrunken nur mal Pipi machen möchte. Gleich vorab: Es ist alles gut gegangen.

Weil unser Hotel nur Garni-Angebot unterbreitet, machen wir uns abends auf die Suche nach einem Schlaftrunk. Der Döner um die Ecke macht uns nicht an. Wir finden als Nächstes Gasthof und Hotel Zur Post, ein rustikales bayerisches Traditionshaus. Im Gastzimmer sitzen mehrere ältere Damen an einem langen Tisch. Sieht aus wie Klassentreffen, weil alle ungefähr der gleiche Jahrgang sind und sich Fotoalben anschauen. Auf der Karte finden wir einen Zweigelt. Die Küche hat bereits geschlossen; aber wir sind noch satt vom Leberkäs. Wir trinken einen Zweigelt und erfinden Geschichten für die alten Damen.

2. Tag

Das Frühstück ist wirklich überwältigend, wenngleich wir vergebens nach Bauernbrot suchen. Aber wir finden eine gute Mischung an Brötchen mit Körnern, Knäckebrot, Pumpernickel, verschiedene Wurst- und Käsesorten, gekochte Eier, sogar Obatzter, Tomaten, Salatgurke, Erdbeeren, Südafrikanische Pflaumen, Melone, Ananas, Kiwi, Jogurt und eine Extra-Bar für Müsli-Freunde. Dazu je ein Samowar für Kaffee und heißes Wasser sowie eine gute Auswahl Teesorten.

Außer uns ist nur noch ein weiteres Paar im geräumigen Frühstücksraum, der sich für Businvasionen auch noch verdoppeln lassen kann.

Wie wir am Vorabend sahen, übernachten hier auch viele Handwerker, die allerdings so früh raus müssen, dass selbst ein Frühstück um 6.30 Uhr für sie zu spät ist. Auffallend sind die vielen bunten Tierbilder (natürlich Drucke) des Münchner Expressionisten Franz Marc, der vormals im nahen Sindelsdorf, seit 1914 in Ried (zwischen Benediktbeuren und Kochel) lebte. Das Franz Marc-Museum steht sowieso auf unserer Liste der Points of Interest.

An der Rezeption lassen wir uns die Vorhersage fürs Zugspitzwetter geben. Der Monitor zeigt uns Nebel, Nebel, Nebel. Also heute anderes Programm. Wir besuchen die Tourist-Information gegenüber dem Hotel. Sie hat schon seit acht Uhr geöffnet. Als Füller bis zur Zugspitze bieten sich selbst in der Vorsaison einige Ziele an: das Franz Marc-Museum natürlich, das Walchensee-Kraftwerk, der Aussichtsort Herzogstand über dem Walchensee. Und jeden Tag die Chance auf Zugspitz-Wetter.

Wir marschieren los, die Mittenwalder Straße in Richtung Süden; an ihr soll das Franz Marc-Museum liegen.

Der Schmied von Kochel

Berühmt wurde Kochel durch den Oberländer Bauernaufstand, auch als Sendlinger Mordweihnacht bekannt geworden. Im Spanischen Erbfolgekrieg wurde Bayern von den österreichischen Truppen von Kaiser Joseph I. besetzt und durch Steuern und Zwangsrekrutierungen zur Weißglut getrieben. 1705 explodierte der Volkeswille unter der dauerhaften Unterdrückung. Erfolglos marschierten sie auf die Unterdrücker los und wurden aber regelrecht niedergemetzelt. Nach der Überlieferung fiel als letzter der Männer der „Schmied von Kochel" mit der Losung der Aufständischen auf den Lippen: „Lieber bayerisch sterben, als kaiserlich verderben". Die tatsächliche Existenz dieses Mannes wurde jedoch nie nachgewiesen. Alle Schmiede in dieser Zeit hießen anders und hatten mit der gescheiterten Revolution nichts zu tun. Trotzdem beherrscht das gigantische Standbild dieses gewaltigen Kerls die Ortsmitte.

Am „Schmied von Kochel" zweigt links der Herzogstand-Weg von der unschönen Autostraße ab und führt mit guter Beschilderung zum Museum. Dabei geht es nahezu ohne Verkehr durch ein wohlhabend aussehendes Wohnviertel mit reich geschmückten Blumen

kästen und Bauerngärten, leicht aufwärts und zum Schluss noch einen steilen Berg hinauf zum Museums-Bau, ein moderner, erst zehn Jahre alter Kasten wie eine weiße Schatulle, die an ein weißes Normalhaus gebaut ist, in dem sich das stylische Restaurant „Blauer Reiter" befindet. Unser Vorhaben, dort etwa einen Espresso zu trinken, geben wir bei der uns begegnenden Vornehmheit wieder auf.

Franz Marc-Museum

Franz Moritz Wilhelm Marc, am 8. Februar 1880 in München geboren, verbrachte schon als Schulkind die Sommerferien in Kochel. 1910 zog er nach Sindelsdorf, 1914 nach Ried, das zu Kochel gehört. Als er am 4. März 1916 in Braquis bei Verdun auf dem Schlachtfeld starb und ursprünglich dort begraben wurde, holte ihn seine zweite Frau Maria heim auf den Friedhof von Kochel. 1937 wurde ein Teil seiner Bilder als „Entartete Kunst" deklassifiziert. Zwei Marc-Bilder erwarb jedoch Hermann Göring: „Hirsche im Wald" und „Der Turm der blauen Pferde". Sie gelten seit 1945 als verschollen.

Das 1986 gegründete und 2008 eröffnete Museum liegt auf einer Anhöhe über dem Kochelsee. Das angeblich beeindruckende Gebirgspanorama liegt hinter Nebelschleiern. Eintritt 8,50 Euro. Man kann es auch mit dem Bus aus Garmisch-Partenkirchen und ab Bahnhof Kochel erreichen. Haltstelle: Franz Marc-Museum. www.franz-marc-museum.de

Der thematische Schwerpunkt der Sammlung bezieht sich auf Franz Marc im Kontext der Kunst des 20. Jahrhunderts. Hier besonders auf die Symbiose aus den Werken des „Blauen Reiters" und der Landschaft, in der diese Werke entstanden. Immer wieder neu konzipierte Ausstellungen stellen die Beziehungen zu seinen Malerfreunden her: Paul Klee, Wassili Kandinsky, Gabriele Münter, August Macke und andere.

Mitte 1911 beschlossen Kandinsky und Marc ihre Bilder künftig als Gruppe „Der Blaue Reiter" auszustellen und zu bewerben. Nach zwei Ausstellungen veröffentlichten sie den nur einmal erschienenen Almanach *„Der blaue Reiter"*. Auch Macke beteiligte sich an der Redaktion. Kurz danach wurde er wie Marc in den Kriegsdienst eingezogen und ließ sein Leben am 26. September 1914 in der Champagne. Es ist zu erwarten, dass dieses Museum immer wieder Ausstellungen kreiert, in denen die Werke jener Expressionisten in Kontext gebracht werden. Bei unserem Besuch gab es eine Spezialausstellung mit Werken von Paul Klee, der mit den Marcs befreundet war. Beeindruckend schön und erzählend sind gezeichnete Postkarten von Klee an Maria Marc aus den Monaten April bis September 1913, sowie von Franz Marc an Lily und Paul Klee.

In den Sommermonaten bietet Kochel einen 90-minütigen geführten Kunstspaziergang zum Leben und Wirken von Franz Marc und der Künstlergruppe „Blauer Reiter" an. An neun Stationen informieren Schautafeln mit Abbildungen von Kunstwerken, zu denen Kochel die Inspiration lieferte.

Bergabwärts geht es nun einen gewundenen Weg durchs Grüne zum See, mit der Bushaltestelle und dem Anleger für das Kochelsee-Schiff „Herzogstand". www.motorschiffahrt.-kochelsee.de (wirklich nur mit zwei F) . Tel. 08851-416. Es fährt im Stundentakt, im Juli und August auch um 18.00 Uhr ab dem Seefestplatz als abendliche Ein-Stunden-Rundfahrt in den Sonnenuntergang.

Blick über den Kochelsee

Der südliche Bereich des Sees ist von Bergen begrenzt, der nördliche Teil von flachen Ufern. Wenn man von Kochel nach Schleedorf fährt, überquert man die Loisach gleich zwei Mal. Bei Schleedorf fließt sie in den See und westlich von Kochel schon wieder hinaus ins Loisach-Kochelsee-Moor, das an Benediktbeuren grenzt.

Weil das Schiff gerade weggefahren ist, machen wir uns zu Fuß auf den Heimweg. Den idyllischen Seeweg vor uns, suchen wir vergeblich auf der Landkarte. Nach wenigen Metern merken wir warum: Durchgang verboten!

Die Prominenz von Kochel

Wie wir beim Umrunden dieses Anwesens merken, ist dies ein relativ großes Grundstück, das komplett abgesperrt ist. Wir laufen deshalb also an der Mittenwaldstraße entlang Richtung Kochel-Zentrum. Dicke Polster Bärlauch säumen den Weg. Die weißen Blüten deuten an, dass die Saison bald zu Ende ist. Aber es duftet noch kräftig nach Knoblauch. Ein wuchtiges Tor zur Seeseite signalisiert uns erneut: Durchgang verboten. Daran sind vier Klingeln zu sehen, eine für den „Verw.", der Rest ist unleserlich. Hinter dem Tor ist nicht etwa ein

Schloss zu sehen, sondern ein relativ normales Zweifamilienhaus. Etwa das des Verwalters?

In der Tourist-Info sagt uns die Dame am Tresen, dass sie auch nicht weiß, wer dort wohne, aber es sei eine im Ort bekannte Familie. Später hören wir den Namen von Finck. Wen die Geschichte des Familiengründers August Georg Heinrich von Finck, (häufig August von Finck senior genannt), geboren 1898 in Kochel, genauer interessiert, kann im Internet selbst und umfangreich über diese Familie schmökern. Nur so viel: August von Finck, geboren 1930, war bis zum Verkauf seiner Anteile am Bankhaus im Jahr 1990 persönlich haftender Gesellschafter bei Merck Finck & Co. Also eine Dynastie, die sich ihre Pfründe bewahrt sieht. Was sind schon 70 Kilometer vor der Metropole München. Kaum weiter als der Taunus, in dem Frankfurter Banker ihr Privatleben pflegen; nur dass sie nicht ein eigenes Seegrundstück erhaschen können.

Ein Stück später gelangen wir dann aber doch noch an den See. Durch den Mini-Kurpark treffen wir auf das Haus der Bergwacht auf einen schönen Seeweg mit Feinschotter. Auch hier gibt es eine Bootsanlege für die „Herzogstand". Danach folgt das Spaßbad Kristall-Rimini, um das unser Weg herumführt. Vom

Seeweg aus sieht man nicht mehr als ein paar Sonnenliegen. In Wirklichkeit verbirgt sich hier ein großes, modernes Thermalbad.

Kristall-Rimini

Die Therme verfügt über 1.300 Quadratmeter Wasserfläche mit unterschiedlichen Heilwassern, wie ein sechs-prozentiges Natronbecken im Außenbereich, ein Poolbarbecken mit 1,5 Prozent Sole, im Obergeschoß ein zwölfprozentiges Solebecken und ein Kaltbecken. Dazu gibt es fünf Saunaanlagen, ein Dampfbad, ein türkisches Hamam mit einer Gesamtfläche von 450 qm sowie eine Panoramasauna mit Blick auf den Kochelsee und den Herzogstand für rund 300 Saunagäste. Über eine Aufzugs- und Treppenanlage gelangt man auch direkt zum Seeufer. Achtung: Die Saunatherme ist für Erwachsene textilfrei. Familien mit Kindern steht alternativ ein Freizeitbad zur Verfügung.

Vier Bauarbeiter bei der Brotzeit beobachten uns schmunzelnd, wie wir eine merkwürdige Baustelle beäugen. „Ich würde da nicht reingehen", kommentiert einer unsere Diskussion. Da wird ein Haus auf einem Fels direkt am See mit einer Betonunterspritzung gesichert. Es sieht schrecklich aus. „Wenn da der Efeu runter wächst", meint der eine, „sieht man in ein, zwei Jahren gar nicht mehr, was darunter ist".

Ein Riesen-Parkplatz für viele Autos und Omnibusse irritiert uns. Er ist leer. Später wissen wir, dass er ab Mitte Mai die vielen Besucher des Trimini aufnehmen soll. www.kristall-trimini.de

Ein Schild weist hin auf die „Vollmar-Akademie", benannt nach Georg-von-Vollmar. Später googlen wir: Diese auch vom Land Bayern mitfinanzierte politische Bildungsstätte, residiert in einem richtigen Schloss. Schade, das hätten wir uns zumindest von außen gerne angesehen.

Schloss Aspenstein war in der Zeit des Nationalsozialismus das Domizil des Reichsjugendführers Baldur von Schirach. Er wohnte hier von 1936 bis 1945 mit seiner Familie. Im Nürnberger Prozess gegen die Hauptkriegsverbrecher wurde er zu 20 Jahren Haft verurteilt. Heute finden hier Seminare und Tagungen statt.

Vorbei am Hochmoor der Loisach streifen wir den Friedhof, von dem wir erst später nachlesen, dass hier Franz Marc und seine Frau begraben liegen. Über die Hanersimmergasse landen wir beim Gasthof „Schmied von Kochel" wieder in der Ortsmitte. Zum Mittagessen steuern wir erneut den Gasthof Zur Post an; ich mit einer unerklärlichen Vorfreude auf eine Leberknödelsuppe. Und die steht tatsächlich auf der Speisekarte. Bernhard bestellt sich einen Schweinebraten, den wir zuhause fast nie mehr machen. Ich bin enttäuscht. Zwar schmeckt die Suppe nach Leberknödel, der Knödel selbst nach fast gar nichts. Es fehlen nicht nur Salz, sondern auch Majoran, Muskat, Pfeffer und Petersilie, vermutlich auch Leber. Bernhard bekommt zu seinem Braten einen Kartoffel- und einen Semmelknödel. Anfangs findet er die Idee, ein Stück Schweinekruste extra auf die Bratenscheibe zu legen, als witzig. Später erkennt er aber das Convenienceprodukt. Vor allem, dass auf dem Salatteller Kartoffelsalat liegt, wo er doch schon die Knödelbeilage hat, zeigt, dass sich der Koch und derjenige, der sich als Koch ausgibt, ein Dilettant ist. Abgehakt.

Zum Walchensee

Türkisblau leuchtet er uns entgegen. Die Wolken hängen tief über den Bergkuppen; wie es dahinter aussieht, ist nur zu ahnen. Über die Kesselbergstraße schrauben wir uns in engen Serpentinen auf knapp 900 Meter nach oben und wieder herunter, vorbei an der Talstation der Seilbahn, die auf den Herzogstand führt.

Die Kesselbergstraße, ursprünglich ein Säumerpfad, wurde Ende des 15. Jahrhunderts erstmals für den besseren Handel ausgebaut. Die heutige Trasse stammt aus dem Ende des 19. Jahrhundert. Zu Beginn des 20. Jahrhunderts lieferten sich hier Rennfahrer wie Hans Stuck und Manfred von Brauchitsch berühmte Autorennen.

Den Ausflug auf den Herzogstand heben wir für den nächsten Tag auf. Vielleicht steigen bis dahin die Wolken ein wenig höher, so dass wir wirklich den sagenhaft schönen Blick auf Kochel- und Walchensee erleben könnte, wie ihn angeblich König Ludwig II. gerühmt haben soll.

Auf der B11 fahren wir durch Blumenwiesen-Idylle nach Krün und zweigen dort ab auf die B2 nach Garmisch-Partenkirchen ab. Neugierig sind wir auf den Eibsee und die neue Zugspitz-Seilbahn.

Garmisch-Partenkirchen (GAP)

Ohje. In dem Olympiaort suchen wir vergebens Wegweiser nach Grainau oder Eibsee oder einen Hinweis, wo angeblich die alte Zugspitzbahn losfährt, mit der man durch einen Bergtunnel die Zugspitze erreichen kann. Fehlanzeige. Unser Navi weiß zwar den Weg, wir aber sind ständig durch Umbaumaßnahmen, Umleitungen und Straßensperren ausgebremst. Fast vermuten wir einen Boykott der Garmisch-Partenkirchner gegen die neue sensationelle Seilbahn. Entnervt fahren wir an eine Tankstelle und fragen nach möglichen Umwegen, um endlich Richtung Eibsee zu gelangen. Wir hören etwas von „Blaumilchkanal", eigentlich eine Humoreske um einen Geisteskranken, die Ephraim Kishon später filmisch in satirische Szenen gesetzt hat. Soll meinen, dass hier in GAP ein paar Geisteskranke versuchen, die Verkehrsverbindungen an vielen Stellen gleichzeitig zu erneuern. Immerhin schafft die Seilbahn ab dem Eibsee den Weg auf die Zugspitze in zehn Minuten, während die Zugspitzbahn ab GAP wenigstens 85 Minuten benötigt und zwar ohne Aussicht.

Wir versuchen, das Navi auszutricksen. Man empfiehlt uns die Äußere Maximilian-Straße einzugeben und treffen trotzdem wieder auf neue Absperrungen. Und dann tatsächlich ein kleines weißes Schild auf weißem Grund: Grainau. Wir sehen sofort, dass wir auf dem richtigen Weg sind, denn links neben der Straße verläuft die Bahntrasse, die ab Grainau die zunehmende Steigung nur noch als Zahnradbahn auf den Gipfel schafft. In der Ferne ist schon die große und einzige Stütze der neuen Seilbahn zu erkennen. Und dann gibt es sogar ein Hinweisschild nach links: Zugspitzbahn. Seilbahn.

Seilbahn Eibsee

Die alte Eibsee-Seilbahn nahm ihren Betrieb 1963 auf. An ihrer Stelle schaukelt seit dem Frühjahr 2018 nun eine leistungsfähigere mit jeder Fahrt bis zu 120 Personen auf den Gipfel. Jedoch, bei unserem Besuch ist die ganze Seilbahn-Anlage noch eine Riesenbaustelle. Es wird planiert, gebaggert, asphaltiert. Die Farbe Grau dominiert alles. Dann sehen wir sie: Mitten aus dem Himmelsnebel schwebt etwas Schwarzes herunter. Groß wie ein Omnibus. Gebannt verfolgen wir ihren sich nun verlangsamten Weg in die Talstation.

Wir wollen erst mal das Auto loswerden und halten an der Station der Zugspitzbahn. Noch sind sehr wenige Parkplätze fertig, aber es gibt einen Parkautomaten. Vier Euro will er als Tagesticket. Ein Kurzticket nur mal zum Schauen ist nicht vorgesehen. Wir zählen unser Kleingeld. Reicht nicht. Karten und Scheine nimmt der Automat nicht. Also lassen wir das Auto blanko stehen und laufen über die unfertigen

Hilfswege drei Minuten abwärts zur Talstation. Das viele Glas mutet an wie eine futuristische Raumstation, die in den Berg gebaut wird. Ein Souvenirladen ist schon da; auch Toiletten und eine Abteilung, wo man Fahrkarten kaufen kann. An diesem Donnerstag ist nicht viel los; da fährt die Seilbahn nur alle halbe Stunden. Unter den Passagieren sind hauptsächlich Bauarbeiter. Wer würde schon 45 Euro bezahlen, um einmal in den Nebelhimmel zu fahren.

Ein toller Rundtörn

Wir gehen zurück zum Auto und fragen in der Zugstation nach. Unsere Klagen, dass man kaum durch GAP durchfindet, kann der Schalterbeamte nicht kommentieren; davon wüsste er nichts. Warum wir denn nicht gleich ab GAP fahren, meint er; das würde doch auch nicht mehr kosten. Wir nehmen das erfreut zur Kenntnis. Vor allem wussten wir bis dahin nicht, dass sich die vielzitierten 45 Euro nicht ausschließlich auf die Seilbahn beziehen, sondern auf eine komplette Rundreise. Zum Beispiel: Parken in GAP, mit genug Parkplätzen am Bahnhof. Bahnfahrt mit der Zugspitzbahn bis hoch zum Zugspitzplatt. Mit der Gletscherbahn hoch zur Zugspitze, mit der Seilbahn hinunter zum Eibsee und mit der Zugspitzbahn zurück nach GAP. Die Logik leuchtet uns ein.

Die bayerische Zugspitzbahn

Sie gilt als „Historisches Wahrzeichen der Ingenieurbaukunst in Deutschland" und ist eine der letzten vier Zahnradbahnen Deutschlands; die anderen drei fahren auf den Wendelstein, auf den Drachenfels und in Stuttgart.

Die Idee, die Zugspitze mittels einer Bahn zu verbinden, stammt aus dem Ende des 19. Jahrhunderts. Lange war unklar, ob man eine Standseilbahn, eine Seilschwebebahn oder eine Zahnradbahn andenken solle, vor allem wie das zu finanzieren sei. Es fehlte auch eine Konzession zum Betrieb; die wurde erst 1928 erteilt und zwar an ein Konsortium der Allgemeinen Lokalbahn- und Kraftwerke AG in Berlin, der AEG Berlin und der Treuhandgesellschaft AG in München. Geplant war zunächst eine Mischung aus Adhäsions- und Zahnradbahn.

Ursprünglich fuhr die Bahn bis zur Gipfelstation Schneefernerhaus. 1987 wurde die Streckenführung jedoch geändert. Durch den Bau des „Rosi-Tunnels", benannt nach der Skisportlerin Rosi Mittermaier, zweigt die Bahn vom bereits seit 1930 bestehenden Zugspitztunnel ab und führt zum etwas tiefer gelegenen Zugspitzplatt auf 2.588 Metern.

Die Bahn wurde in nur drei Jahren zwischen

1928 und 1930 und in drei Abschnitten erbaut. Im Sommer 1928 begann man mit dem 7,5 Kilometer langen Teilstück zwischen Eibsee und Riffelriss. Schwierigkeiten bereitete hier der Kilometer 13, weil ein Tunnel durch eine noch nicht zur Ruhe gekommenen Mure geführt werden musste. Außerdem war hier eine große Steigung zu überwinden. Doch das Schwierigste war der 4,2 Kilometer lange Tunnel zwischen Riffelriss und Schneeferner. Damit der Vortrieb des Tunnels gleichzeitig an fünf Stellen in Angriff genommen werden konnte, mussten mehrere Hilfsseilbahnen errichtet werden. Am 8. Februar 1930 gelang der Durchbruch zum Schneeferner.

Parallel dazu wurde das 3,2 Kilometer lange Teilstück von Grainau zum Eibsee erbaut. Es ging bereits im Februar 1929 in Betrieb. Zehn Monate später war die 7,5 Kilometer lange Verbindung zwischen Garmisch und Grainau fertig; als sogenannte Adhäsionsbahn. Das bedeutet, dass der Antrieb über die Haftreibung der Räder erfolgt. In Grainau muss man noch heute umsteigen in die Zahnradbahn. Am 8. Juli 1930 wurden die letzten 7,9 Kilometer zwischen dem Eibsee und der Gipfelstation Schneefernerhaus feierlich freigegeben.

Die gesamte Streckenlänge von Garmisch bis

zum Zugspitzplatt beträgt 19,5 Kilometer und überwindet einen Höhenunterschied von 1.883 Metern, von 705 bis auf 2.588 Meter. Sie bedient die Bahnhöfe Garmisch, Hausberg, Kreuzeck- und Alpspitzbahn, Hammersbach, Grainau und Eibsee.

Am 10. Juni 2000 ereignete sich ein schwerer Unfall im so genannten Katzensteintunnel. Auf einer eingleisigen Strecke zwischen Garmisch und Grainau stießen zwei Züge zusammen. 50 Personen wurden teils schwer verletzt. Danach wurden im Zugspitztunnel Brandschutztore eingebaut, um im Falle eines Brandes einen Kamineffekt vermeiden zu können. Die komplette Strecke wurde mit Signalen und einem elektronischen Stellwerk ausgestattet. Die durchschnittliche Geschwindigkeit beträgt 70 km/h. Integrierte Zugbeeinflussung bewirkt, dass der Zug automatisch abgebremst wird, wenn er zu schnell fahren sollte.

Mit den Besucherzahlen ist man derzeit etwas geizig, weil sich durch den Bau der neuen Seilbahn Gewohnheiten verschoben. Zum Stand 2016 fuhren rund 500.000 Menschen von November bis Oktober auf Deutschlands höchsten Berg. Die neue Seilbahn wird diese Zahl um einiges übertreffen. Jedoch herrscht derzeit noch Baustellenatmosphäre auf der Talstation.

Die Tiroler Zugspitzbahn

Sie ist eine reine Luftseilbahn von Ehrwald-Obermoos auf den Westgipfel der Zugspitze und überwindet über drei Stützen und einer Länge von 3.600 Metern in zehn Minuten eine Höhendifferenz von 1.725 Meter. Sie wurde im Januar 1926 eingeweiht und gewann damit den Wettlauf mit der bayerischen Seite um die technische Erschließung des Gipfels. Anfangs musste man jedoch zwei Mal umsteigen, um bis auf die Höhe zu gelangen, was aber für Wintersportler angenehm war, die nur Teilstrecken befahren wollten. Damals passten mal gerade 19 Personen in eine Kabine. Anfangs führte die Seilbahn nur zu einer Bergstation unterhalb des Zugspitzkamms auf 2.805 Meter Höhe. Dafür wurde dort aber ein Hotel gebaut. 1962 ging es in Flammen auf.

1989 konzipierten die Tiroler eine ganz neue Bahn, die im Juli 1991 eröffnet wurde. Sie führt jetzt direkt auf den Gipfel und hat wie die Eibsee-Bahn eine Kabinengröße für 100 Personen. Nach einem Brand in der Talstation im Februar 2003 investierte man in neues Kabinen- und Seilbahnmaterial; dabei verkürzte sich die Fahrzeit auf 7,2 Minuten. Pro Stunde und Richtung können 730 Personen befördert werden. Der Preis ist mit 45 Euro für Erwachsene der gleiche wie auf bayerischer Seite. Allerdings wird hier zusätzlich noch geboten: freier Eintritt in das Erlebnismuseum „Faszination Zugspitze", in die Schneekristall-Welt und in den Technik-Schauraum an der Talstation. Es ist jedoch damit zu rechnen, dass auch die Bayerische Seilbahn nach Abschluss ihrer Baustelle zusätzliche Events anbietet.

www.info@zugspitze.at

Über den Bau der Tiroler Zugspitzbahn schrieb der ungarische Schriftsteller Ödön von Horváth ein Bühnenstück, das von Zeit zu Zeit in der historischen Talstation der ursprünglichen Zugspitzbahn aufgeführt wird.

Weiter im GAP Labyrinth

Nun zaudern wir nur noch, ob wir den Bahnhof von GAP finden, denn die Umleitungen und Sperrungen sind für Ortsfremde verwirrend. Wir entlocken dem Bahnbediensteten die Straßenadresse des Bahnhofs für unser Navi: Olympiastraße 27. Und wir probieren es gleich aus. Und tatsächlich landen wir ziemlich zügig am Bahnhof, zu dem schon zwei Straßen vorher „Zugspitzbahn" auf Schildern signalisiert ist. Es stimmt auch mit den reichlich vorhandenen Parkplätzen. Das gibt uns die Hoffnung, dass wir den Weg an dem Tag des eigentlichen

Zugspitze-Besuchs auch tatsächlich und zur geplanten Abfahrtzeit finden können. Beruhigt schlagen wir die Richtung nach München ein und landen auf der Autobahn A95. Im Husch sind wir an der Abzweigung Kochel, kein Vergleich mit der langen Anfahrt über den Walchensee und Krün. Aber schließlich wollten wir ja nicht so schnell wie möglich von A nach B kommen, sondern auch etwas sehen.

Den Abendschoppen nehmen wir wieder in der Post. Die Gaststube ist heute überfüllt; in einem nicht weniger gemütlichen Nebenraum treffen wir das Paar, das wir vom Frühstück kennen. Sie gehen gerade. Schade, wir hätten uns dazu gesetzt. Weil wir nun die einzigen in diesem Raum sind, setzten wir uns auf deren Plätze. Die Bedienung sucht angestrengt ein frisches Tischtuch, findet keines und legt uns mit einer Entschuldigung das Benutzte erneut aber verkehrt auf. Es ist uns egal. Wir ratschen ein wenig miteinander. Sie macht nur ab und zu Aushilfe. Wir reden über Essensqualität und dass wir hier einen Tag zuvor gar nicht begeistert waren. Sie will es dem Chef erzählen. Bei der Frage nach weiteren Essenmöglichkeiten im Ort zaudert sie. Es sei halt noch nicht alles offen in der Vorsaison. Vom Schmied von Kochel sei sie immer etwas überrascht: mal sei es gut, mal weniger. Man wüsste da nie, was Sache ist. Wir ordern den uns bekannten Zweigelt und unterhalten uns selbst. Wie zu erwarten, gehen uns beiden die Themen nie aus.

3. Tag

Für die Zugspitze braucht man Geduld. Der Wetter-Monitor an der Rezeption lässt auch heute nichts Positives erwarten. Genauer: Es ist nichts zu erkennen, was die Gipfelkamera einfangen könnte. Das ficht uns nicht an. Wir haben genug Ideen, wie man die Zeit sinnvoll und erbauend verbringen könnte. Im Frühstücksraum treffen heute einige Russen ein: ein Pärchen und zwei einzelne Männer, die sich aber nicht zusammen setzen, sondern jeder an einen einzelnen Tisch. Dabei scheinen sie sich gut zu kennen, denn sie reden ziemlich laut miteinander. Unseren üblichen Abschiedsgruß beim Verlassen des Raumes erwidern sie nicht. Warum auch; sie haben auch nicht gegrüßt, als sie kamen.

Es regnet. So what? Als erstes fahren wir zum Walchensee-Wasserwerk, dessen Röhren wir ja schon am Südufer des Kochelsees erkennen konnten.

Das Walchensee-Kraftwerk

Der 27-jährige Oskar von Miller lieferte Ende der 1880er Jahre dem Königreich Bayern den Beweis, dass sich Strom über große Strecken transportieren lässt. Weil Bayern über wenig Kohlevorräte verfügt, regte er 1911 an, Strom aus Wasserkraft zu gewinnen. Der Höhenunterschied von 200 Metern zwischen Walchensee und Kochelsee versprach einen idealen Platz, um Strom zu gewinnen, der dann sogar noch bis nach München gelangen konnte. Weitere Wasser-Kraftwerke sollten sogar das gesamte Land Bayern mit Strom versorgen.

Am 21. Juni 1918 beschloss der Bayerische Landtag den Bau des Walchensee-Kraftwerks nach Millers Empfehlungen. Für die Zeit nach dem ersten Weltkrieg galt dieses Vorhaben als Meisterleistung der Ingenieurkunst. Mehr als 2.000 Arbeiter fanden am Kochelsee Brot und Arbeit; ein mühsames Unterfangen, denn es gab weder Straßen noch Wohnungen. Unter schwersten Bedingungen mussten schwere Bauteile wie Rohre, Turbinen und Generatoren herbeigeschafft und bewegt werden. Nach fünfeinhalb Jahren trieb das Wasser vom Walchensee zum ersten Mal eine Turbine an; ihre Drehbewegung brachte wiederum den gekoppelten Generator zum Laufen. Der erste Strom

floss aus dem Kraftwerk in die Leitungen. Mit einer Leistung von 124.000 Kilowatt (124 Megawatt) war das Walchensee-Kraftwerk eines der größten Wasserkraftwerke der Welt. Auch heute noch gilt es mit seinen rund 300 Millionen Kilowattstunden (300 Gigawattstunden) pro Jahr als eines der größten Hochdruckspeicher-Kraftwerke in Deutschland.

Bei Urfels bildet ein 1.200 Meter langer Stollen zehn Meter unter dem Wasserspiegel des Walchensees das sogenannte Wasserschloss. Das Wasserschloss ist ein riesiges Wasserbecken, das Druckschwankungen ausgleichen kann, wenn die Turbinen angeworfen oder abgestellt werden. Vom Wasserschloss strömt das Wasser durch die 400 Meter langen Druckrohre zu den acht Turbinen im Krafthaus. Sie treiben die Generatoren zur Stromerzeugung an. Die Stahlrohre haben oben eine lichte Weite von 2,25 Metern und unten einen Durchmesser von 1,85 Metern. Die Wandstärke der Rohre beträgt am Wasserschloss zehn Millimeter und am Kraftwerkseinlauf 27 Millimeter. Die weit über den See sichtbaren Druckrohre mussten in den rund 100 Jahren nicht ausgetauscht werden.

Damit der Walchensee immer genügend Wasser hat, das durch die Rohre in das Kraftwerk rauschen kann, wird ihm Wasser von der Isar und dem Rißbach zugeleitet. Dieses zugeleitete Wasser wird noch vor dem Walchensee in den vorgeschalteten Kraftwerken Niedernach und Obernach zur regenerativen Stromerzeugung genutzt. Damit der Kochelsee von dem zugeführten Wasser nicht überläuft, reguliert eine Schleuse den Abfluss in die Loisach. Die Loisach wiederum bespeist das Kraftwerk Schönmühl bei Penzberg. Über die Wehranlage Beuerberg und den Loisach-Isar-Kanal fließt das Wasser dann weiter zur Isar.

Wir fahren weiter zum Walchensee in den gleichnamigen Hauptort, wo der Impressionist Lovis Corinth gewohnt hat.

Lovis Corinth

Lovis Corinth, 1858 als Franz Heinrich Louis Corinth in Tapiau, Ostpreußen geboren, 1925 in Zandvoort, Provinz Noordholland gestorben, war ein deutscher Maler, Zeichner und Grafiker, der neben Max Liebermann, Ernst Oppler und Max Slevogt zu den wichtigsten und einflussreichsten Vertretern des deutschen Impressionismus zählt. Späte Werke werden auch dem Expressionismus zugerechnet.

(Quelle: Wikipedia) Mit Leidenschaft suchte ich in meiner Hannoveraner-Zeit im Niedersächsischen Landesmuseum immer wieder sein Bild von „Susanna im Bade" auf, eine sich selbst hingebende nackte Frauengestalt, die von einem alten Spanner im Hintergrund begafft wird.

Corinth schuf die angeblich bedeutendsten Bilder vom Walchensee, den er seit 1918 immer wieder aufsuchte. Im Jahr 1919 kaufte Lovis Corinth ein Grundstück, auf dem seine Frau Charlotte Berend ihm ein Haus baute. Er benannte es mit dem Spitznamen für seine Frau *Haus Petermann*. Das Haus am Walchensee wurde zum Rückzugsort des Künstlers, an dem er vor allem Landschaftsbilder, Porträts und Stillleben produzierte, sich von der aktiven Kunstszene allerdings auch immer mehr zurückzog. Seine Bilder vom Walchensee waren auch wirtschaftlich ein großer Erfolg. Nach seinen eigenen Worten wurde *„niemals mehr verkauft als gerade nach dem Zusammenbruch.* Es wurden einem förmlich die Bilder von der Staffelei gerissen, und niemals blühten die Ausstellungen im ganzen Deutschland mehr denn jetzt. (Quelle: Wikipedia)

Das Walchensee-Museum

In Urfels öffnet das Museum leider nur von 1. Juni bis 20. September, zu früh für uns. Es hortet eine der bedeutendsten grafischen Sammlungen von Lovis Corinth in Deutschland sowie Bilder der „Malweiber" oder auch der „unterdrückten Malerfrauen", wie sie Charlotte Berend-Corinth bezeichnete. Obwohl sie zu den ersten Schülern seiner 1911 gegründeten Malschule gehörte, in die er sich heftig verliebte und sie dann drei Jahre später heiratete, gängelte er sie als Malerin außerordentlich. So untersagte er ihr, jemals ein Bild vom Walchensee zu malen.

Lovis-Corinth-Weg

Der nach ihm benannte Wanderweg beginnt laut einer Touristikbroschüre vis á vis des „Cafés am See". Bei einer kleinen Espresso-Pause stimmen wir uns darauf ein. Für die schmale Außenterrasse ist es zu kalt. Ein Dunstschleier lässt gerade noch die nahsten Ufer erkennen, der Rest versinkt in einem Schleier von Feuchte. Wir machen uns trotzdem auf dem Weg. Sieben Stationen sind auf diesem Weg avisiert, Stationen, wo angeblich mit Schautafeln über das Leben und Wirken von Corinth berichtet wird.

Dass dieser Weg kein zahmer Spaziergang werden wird, begreifen wir gleich am Beginn. Es geht steil bergan. Bald sehen wir die erste Schautafel, ein Bild „Walchensee-Blick" genannt. Der Blick ist an dieser Stelle jedoch zugewachsen. Er, Corinth, muss wohl von wo anders her geschaut haben. Wir steigen im Wald weiter bergan. Schuhe mit gröberen Profilen wären nun nicht schlecht. Die nächste Schautafel zeigt eine Bleistift-Zeichnung des Corinth-Hauses im Ortsteil Walchensee. Das Original hänge im Walchensee-Museum, unweit unseres Weg-Einstieges. Wir wissen, dass es erst im Juni öffnet. Schade. Später folgt ein Selbstbildnis. Es sei zu einer Zeit entstanden, wo er plötzlich sehr krank geworden sei, steht vermerkt. Wir entnehmen seinem ernsten Blick, dass er sein Ende habe kommen sehen.

Weiter arbeiten wir uns bergan, nicht nur über Stock und Stein, sondern über viele vom Sturm herunter gebrochene Äste. Räumt denn hier keiner auf? Der Weg erscheint sehr ungepflegt. Wir klettern über mehrere Baumstämme, die wirklich quer über den Weg liegen. Schon lange haben wir kein Hinweisschild mehr gesehen außer, dass es hier auch zum Herzogstand hinauf geht. Danke; das haben wir gewiss nicht vor. Ein weißer Stab steht ohne Hinweistafel am Weg. Hat die einer geklaut? Unser Blick schweift herum. Nirgendwo ein Wegweiser. Durch Büsche hindurch nehmen wir etwas Weißes wahr. Bild Nr. 4: Frau Corinth. Wir tasten uns weiter und frohlocken zu früh: Als wir glauben, den weiterlaufenden Weg gefunden zu haben, landen wir auf dem Weg, den wir gekommen sind. Enttäuscht kraxeln wir den ganzen Weg zurück zum Ausgangspunkt.

Nach dem nochmaligen Studium der kleinen Landkarte, in der der Weg und die Stationen eingezeichnet sind, fahren wir zurück zu einem Parkplatz an der Kesselbergstraße. Angeblich sei hier der Weg zu Bild 5 zu finden. Auf der Fahrt dorthin bremst uns erst einmal ein Unfall aus. Blaulicht. Polizei. Ein schwarzer Kleinwagen hat den Berg gerammt. Ein Polizist schaut angestrengt über die Leitplanken hinunter zum Walchensee, als suche er dort jemanden. Wir finden den Parkplatz und vermuten die Hinweistafel 5 im Wald. Über eine Steintreppe kraxeln wir hoch und finden außer einer weißen Stele, auf der sich wohl mal eine Hinweistafel befand: NIX.

Appetit auf was Gutes, Bayerisches

Wir fahren zurück zum Walchensee und zur Talstation der Seilbahn auf den Herzogstand.

Der Normalpreis von 12,50 Euro pro Person wird antragslos auf 11 Euro reduziert. Grund: Wir sähen aus, als ob wir seit ein paar Tagen Rentner seien. Wir kokettieren noch ein wenig herum mit dem Bediensteten, erfahren, dass er vor wenigen Monaten dem Tod von der Schippe gesprungen sei und gerne so alt wie Bernhard werden würde und dann geht es sehr schnell aufwärts. Unser Bahnführer ist ein schlanker junger Mann mit verwegenem schwarzen Hut mit breiter Krempe. Aus den wenigen Worten, die wir am Anfang wechseln, höre ich sogleich, dass es kein Bayer ist. Er sei aus Hannover sagt er. Und als ich erzählte, dass ich mal in Hannover gewohnt habe, ist es plötzlich Hildesheim, also südlich von Hannover, da, woher eines unserer Großgemälde stammt, das ich einst von einem Hildesheimer Künstler erworben hatte. Natürlich kennt er ihn nicht; viel zu jung. Herwig Kaschinsky lebt schon Jahrzehnte in München. Oder ob er überhaupt noch lebt? In allen vier Ecken der Kabine stehen 50-Liter-Wassertanks als Ballast, erstens weil wir zu wenig Gewicht mitbringen und außerdem gegen die Windlast, die die Gondel zum Schwingen bringen könnte.

Jupps – falscher Weg

Vier Minuten dauert die Fahrt auf den Fahrenberg in 1.620 Metern Höhe. Erst breitet sich unter uns der türkisblaue Walchensee aus; dann tauchen wir in den Nebel bis zur Bergstation. Obwohl der – wie wir später erst sehen – 30-Minuten-Weg zum Berggasthaus sehr gut ausgewiesen ist, kraxeln wir fast blind die nächstgelegene Steintreppe hoch. Mit DIN haben die unterschiedlichen Stufenhöhen nichts zu tun. Nur anfangs gibt es noch ein Geländer. Bernhard strauchelt und schlägt sich das rechte Schienbein auf. Ich weiß, dass ich Pflaster dabei habe; aber hier im Nebel? Also kraxeln wir weiter auf einem schmalen holprigen Weg ohne Geländer. Der Nebel verhüllt mildtätig, dass es rechts und links steil abwärts geht. Auf allen Vieren erreichen wir ein Steingebäude; eine Kapelle, wie wir später erfahren. Spätestens hier zweifeln wir, dass wir den richtigen Weg eingeschlagen haben. In der Seilbahn stand etwas von Kinderwagen, die man mitnehmen könne. Unmöglich.

Wir konstatieren, dass dies nicht der richtige Weg sein könne. Also kraxeln wir zurück zur Bergstation und finden „ordentlich mit zwei Pfeilen angezeigt" den richtigen Weg zum Berggasthaus; sicher zwei Meter breit, Feinschotter, gut zu laufen und gut zum Kinderwagen schieben. Statt der 30 Minuten sind es nur

zehn Minuten. Nach wie vor nimmt uns Nebel jede Aussicht auf dem angeblichen Panoramaweg. Unterwegs mündet von rechts ein Kletterweg bei uns ein; daran ein Schild: Zur Kapelle. Aha, wären wir weitergeklettert, wären wir hier auf unseren Weg gestoßen. Verrückt. Unnötig.

Durch den Nebel tauchen nun Gebäude auf. Kein Gasthaus. Irgendetwas Graues. Bergwacht. Danach folgt noch ein Ensemble mit einem Landrover davor. Wir fragen einen Mann, der gerade Schuhe putzt? Wo geht es hier zum Gasthaus? Er deutet nach rechts. Der Nebel egalisiert jede Farbe. Alles Grau. Aber wir sehen eine Tür.

Endlich am Ziel

Das Berggasthaus ist innen sehr gemütlich eingerichtet, so wie man sich eben eine Bayerische Bauernstube vorstellt. Warme Töne, eine blonde Maid im Dirndl begrüßt uns. Als wir ihr von unserem beschwerlichen Weg am Anfang erzählen, werden wir ordentlich bedauert. Es gibt mehrere Wirtsstuben, aus denen Gelächter und Stimmen eine urige Geräuschkulisse erzeugen. Hier fühlen wir uns aufgehoben und willkommen. Die Speisekarte ist klein, aber alles drauf, wonach unser Herz begehrt. Ich nehme einen

Leberkäs mit Bratkartoffeln, Bernhard liebäugelt mit einem Schweinsbraten, in der Hoffnung, er möge besser schmecken als in der Post. Und das tut er dann auch. Nach dem ersten Tee, der nach der Nebelwanderung tröstet, bestellen wir noch einen Vernatsch zu Zweit. Mehr sollte bei Nebel nicht drin sein. Wir müssen ja auch noch zurück. Und unten am See steht das Auto.

Als wir gehen, herrscht noch immer dichter Nebel. Um ein Haar hätten wir den falschen Weg eingeschlagen: der Reitweg, den König Ludwig II. 1866 anlegen ließ, um bequem zu Pferd und Kutsche auf den Berg zu kommen. Er führt in weiten Kurven etwa zwei Stunden hinunter zum Parkplatz am Walchensee-Museum. Und dort hätte nicht einmal unser Auto gestanden. Noch im rechten Moment probiere ich den Weg dicht an den Häusern und entdecke Gott sei Dank das Schild: Bergstation. Beim uns schon bekannten Hildesheimer sitzt nun auch ein kleiner Junge und spielt mit einem niedlichen Pinscher. Vier Franzosen stehen bereits in der Gondelkabine. Als wir losfahren, beginnt der Pinscher panisch zu zittern. Der ist wohl auch neu hier.

Den Abend beschließen wir heute im illuminierten Gasthof „Schmied von Kochel". Die

Tage vorher war er wohl geschlossen. Beginnt jetzt etwa die Saison? Am Wochenende soll es schön werden in den Bergen. Und in fünf Tagen ist Himmelfahrt, Vatertag, den man mit einem Brückentag zu einem richtig langen Wochenende ausdehnen kann.

Wir betreten die Gaststube. Alle Tische mit Servietten und Bestecken eingedeckt. Jedoch sitzen hier nur Leute mit Getränken. An einem Tisch spielen ein alter Mann und eine junge Frau Schach. Wir suchen uns ein gemütliches Eckplätzchen und räumen die Ess-Utensilien etwas zur Seite. Lange kommt niemand. Als ich im nächsten Raum nach der Bedienung frage, weist ein Gast mit Kopfschwenk zu einer Tür. „Dort ist die Chefin". Sie sieht mich und sagt eher teilnahmslos: „…Komme."

Als sie endlich in unsere Gaststube kommt, hören wir nur: „Ach da hinten sind Sie". Was für eine herbe Schönheit. Sie ist so um die 60 und hat vermutlich noch nie herzhaft gelacht. Sie sieht aus, als ob wir ihr lästig wären. Ihr Gang ist schlurfig und ohne Schwung. Sie verzieht kaum eine Miene. Empathie scheint ihr fremd zu sein. Obwohl – sie kredenzt den Wein kultivierter als in der Post - in kleinen Karaffen. Sparsam, wie es für Rotwein sein soll, füllt sie ihn in schöne bauchige Rotweingläser. In der Post hatten wir stattdessen bis zum Rand vollgefüllte Römer mit den üblichen dicken grünen Stielen. Der Merlot ist ideal temperiert, was man in einem Bayerischen Luftkurort nicht unbedingt erwartet.

Wie in den Nächten zuvor gehen wir früh zu Bett. Das Wetter für Morgen verspricht besser zu werden Wird das unser Zugspitze-Tag?

4. Tag Jawollwollwoll

Schon beim Aufwachen erleuchtet uns die Sonne das Zimmer, als sei draußen eine gigantische Flutlichtanlage angeschaltet. Das sieht gut aus. Das sieht sehr gut aus mit der Zugspitze. Nachdem unsere drei gebuchten Nächte in Kochel sowieso zu Ende sind, werfen wir unsere Sachen in den Koffer und springen die Treppe hinunter zum Frühstück. An der Rezeption sehen wir auf dem Monitor, dass zwar im Moment noch eine dichte Wolkendecke um den Gipfel hängt, aber die Prognose steht auf klarer Sicht. Also zügig gefrühstückt. Heute sitzen ein paar mehr Leute im Aufenthaltsraum, wohl Münchner, die ihr Wochenende in den Bergen verbringen wollen. Das wird wettermäßig auch ihr Ideal-Wochenende.

Wir peilen die Zugspitzbahn in Garmisch-Partenkirchen an, die alle volle Stunden und 15

Minuten über verschiedene Stationen zum Eibsee und hoch auf das Zugspitzplatt fährt. Die Hoffnung, mit dem Navi dieses Mal auf direkten Weg zur Olympiastraße 27 zu finden, erfüllt sich nicht. Wieder werden wir durch Umleitungen und Straßensperren ausgebremst. Nachdem wir aber einige Straßennamen vom Vortag noch in Erinnerung haben, finden wir den Parkplatz noch rechtzeitig 15 Minuten vor Abfahrt. Während Bernhard das Vier-Euro-Tagesticket für den Parkplatz löst, hole ich – ohne Anstehen –Fahrkarten zur Zugspitzbahn. 45 Euro pro Person. Kein Rentnerbonus.

Auf dem Bahnsteig stehen bereits an die 200 Leute, darunter viele Asiaten. Um uns herum erblicken wir zwei Bergmassive. Ehrlich gesagt, wissen wir nicht, ob eines davon die Zugspitze ist. Wir werden uns später auf den Fotos orientieren, welches davon und ob es die Zugspitze ist, was da in den kobaltblauen Himmel ragt. Allerdings bewegen sich doch einige bedenkliche Wolkenschwaden am Himmel. Schön zu fotografieren. Aber hoffentlich hüllen sie den Gipfel nicht ein, wenn wir oben sind.

Die Zugspitzbahn mit Blau-Weiß-Raute an der Front fährt ein. Die Bahn wirkt schmaler als normale Züge, aber mit bequemeren Sitzplätzen.

Alle wollen in Fahrtrichtung sitzen, weil man voraus schauen kann. Wir machen es uns bequem, hängen die Jacken auf, legen Mütze und Schal bereit, während die Bahn pünktlich und in einem heimeligen Tempo durch das Werdenfelser Land loszuckelt. Durch saftig grüne Blumenwiesen mit den typischen kleinen, reichlich verstreuten Heuschobern geht es nach Hammersbach und zu den Talstationen der Alpspitzbahn und der Kreuzeckbahn.

Vor Kurven pfeift das Bähnle, wohl um Radfahrer und Wanderer zu warnen. Am noch immer blauen Himmel wandern Wolkenschwaden; sie reißen auf und verdichten sich, also alles ganz dramatisch und spannend. Wird das Wetter halten?

Endstation in Grainau. Hier müssen alle raus und wieder rein in eine andere, nostalgisch aussehende Zugspitzbahn, die nun als Zahnradbahn weiterfährt. Es sind nun weniger Wagen auf die sich mehr Leute verteilen. Aber stehen muss trotzdem keiner. Nun geht es steiler bergan. Im Zug leuchten Schilder auf, dass die GrainauCard und die ZugspitzCard, üblicherweise Touristentickets mit Pauschalcharakter für ermäßigte Museumseintritte, hier nicht gelten. Ansagen erfolgen in Deutsch und mutter-

sprachlichem Englisch. An der Haltestelle Eibsee steigen etliche aus, die wohl zur neuen Seilbahn wollen.

Nun fährt die Bahn weiter, immer steiler und
doch im Auf und Ab durch Waldschneisen und
Felsentunnel, vorbei an Schneefeldern und mit
Blick ins Tal, wo schon wieder Nebel wabert.
Dann gibt es einen Stopp an einer Ausweich-
stelle für die Gegenbahn. An der Station Riffel-
riß dürfen wir für einen Fünf-Minuten-
Fotostopp aussteigen. Vor uns türmt sich die
Zugspitze mit Schneefeldern an den Hängen.
Die Sicht ist hervorragend. Während die meisten Reisenden sich selbst fotografieren, halte
ich Ausschau nach der Seilbahn. Und tatsächlich schwebt sie über unseren Köpfen, ohne
dass es die meisten sehen, weil sie schon wieder
beim Einsteigen sind. Freilich ist sie im Ver-
hältnis sehr klein, weil sie ja doch sehr hoch
fährt.

Es geht weiter: Nun direkt in den Fels. Ein Vi-
deofilm erklärt, wie sich die Bahn nun durch
eine Röhre Zahn um Zahn nach oben hakt.
Dazu lässt sie Im 30-Sekunden-Takt ein lautes
„Pfff „ ertönen, als müsse sie schwer atmen auf
ihrem anstrengenden Weg nach oben. Es erfolgen Sicherheitsansagen wie in einem Flugzeug, jedoch ohne Schwimmwesten und Sauer-

stoffmasken, aber Informationen über Not-halte- und Rettungsbuchten mit Brandschutz-toren, dass man bei Feuer (was so gut wie aus-geschlossen sei) nach unten gehen solle, dass der Tunnel voll beleuchtet wäre, sogar ein Ge-länder habe und einen befestigten Radweg (?). Da wir im ersten Waggon hinter dem Zugfüh-rer sitzen, sehen wir tatsächlich die Leuchtstrei-fen an der Tunneldecke.

Das Zugspitzplatt

Pünktlich um 11.30 Uhr wird es wieder hell. Wir sind tatsächlich auf dem sogenannten Zug-spitzplatt, wortwörtlich eine Plattform, eine Hochfläche auf 2.000 bis 2.650 Metern Höhe unterhalb des Gipfels. Die Luft ist spürbar dünner, aber frisch und sauber. Um uns liegt alter Schnee, einige klettern zu einer Kapelle hoch. Wir versuchen, unsere ersten Probefotos für das Cover dieses Büchleins zu schießen; denn die Gipfelverbauten und das Schneefer-nerhaus, eine Wetter- und Forschungsstation, die aufgelöst werden soll, liegen klar vor uns. Auf dieser Ebene befinden sich einige Restau-rants mit vielen Außenplätzen, die nahezu alle schon belegt sind mit Ausflüglern, die sich an einem Bier festhalten und entspannt auf das verschneite Panorama blicken.

Auf den Gipfel selbst müssen wir nun umsteigen in die sogenannte Gletscherbahn. Diese Seilbahn überwindet die letzten 500 Höhenmeter zur Bergstation in vier Minuten direkt unter den Gipfel. Uns trennen nur noch ein paar Treppen, bis wir auf der Aussichtsplattform stehen. Drei Tage später sehen wir im Fernsehen, stehen dort Andrea Nahles und Volker Kauder und lassen sich von Alexander Dobrindt die Welt erklären. Das wäre für uns ein schlechter Tag gewesen, weil die Sicherheitsvorkehrungen vermutlich verhindert hätten, dass wir gleichzeitig hätten da sein können. Glück gehabt.

400 Gipfel im Panorama

Das ist ein richtiger Zugspitz-Tag. Der weite, weite Blick über die angeblich 400 Gipfel ist überwältigend. Aufgestellte Panorama-Tafeln informieren uns, dass wir wirklich bis zu den Engadiner Gipfeln, bis zu den Ötztaler Alpen, also bis Italien sehen können. Sogar die Marmolata, mein persönlicher Schicksalsberg im Trentino ist auszumachen. Das Buch darüber ist schon in der Pipeline. Gold glänzt das Gipfelkreuz, vor dessen Panorama sich alle fotografiert haben möchten. Das mit unserem Selfie funktioniert nicht. Vermutlich ist es dem Handy zu kalt, um sich auslösen zu lassen. Also

machen wir Einzelfotos. Ist ja nur für uns. Ein Haufen Dohlen lebt hier prächtig vom Tourismus. Für einen Keks lassen sie sich ganz nah von den Besuchern fotografieren. Leicht wie Federbüschel schweben sie um die Besucher und lassen sich von der Thermik wiegen.

Das Gipfelkreuz

Auch das ist eine schicksalhafte Geschichte. Das erste Kreuz, aus Eisen, vergoldet, wurde 1851 angebracht. 1882 wurde es wegen zahlreicher Blitzeinschläge im Tal renoviert und wieder hochgeschafft. Dort stand es gute 111 Jahre, bis es 1993 erneut demontiert wurde. Grund war dieses Mal nicht das Wetter, sondern die Schießlust von amerikanischen Soldaten am Kriegsende 1945. Es war nicht mehr zu reparieren und steht heute im Werdenfels-Museum in Garmisch-Partenkirchen. Die originalgetreue Nachbildung hat eine Höhe von 4,88 Metern und wurde 2009 mit der Zahnradbahn zum Zugspitzplatt gefahren und von dort mit einem Helikopter zum Gipfel geflogen. Doch damit nicht genug. Beim Bau der neuen Seilbahn schlug die Kette eines Krans einen der dreiteiligen goldenen Strahlen ab. Wieder wurde das Kreuz zu Tal gebracht, repariert und im Dezember 2017 neu montiert. Es strahlt wirklich wie nagelneu im gleißenden Gold.

Das ist also das Ziel unserer Reise. Ja, hier muss man mal gewesen sein, auf Deutschlands höchstem Berg. Ich musste fast 70 Jahre alt werden, bis ich mir diesen Wunsch erfüllen konnte. Aber was heißt „erfüllen konnte". Freilich hätten wir schon längst mal hierher fahren können. Aber die Sehnsucht danach traf mich erst in diesen Monaten, entfacht durch die neue Seilbahn, die uns wieder ins Tal bringen soll.

Zugspitz-Brotzeit

Wir fahren mit der Gletscherbahn zurück zur Zugspitzplatt, weil es derzeit nur hier unten eine Restauration gibt. Das Speisenangebot ist nach meiner Ansicht bescheiden. Suppen an verschiedenen Ausgabestationen. Pizza. Burger. Freilich – das muss ja alles hochgefahren werden und der Müll wieder nach unten. Also entscheiden wir uns für Gulaschsuppe (7,60 Euro) und Pizza (11,90 Euro). Dazu ein alkoholfreies Weizenbier und ein Viertel roten Bio-Wein für 7,60 Euro, Rebsorte unbekannt. Bernhards Pizza hat einen knusprigen und doch zarten Rand; mangels Hunger lässt er ihn liegen und ich knabbere ein bisschen herum. Meine Gulaschsuppe enthält zwar kaum Fleisch, schmeckt aber nach Gulasch. Ich bröckle eine Laugenbrezel hinein und bin's zufrieden. Wir sind ja nicht zum Essen gekommen.

Zwei Herren sprechen uns an, haben uns angeblich ihren Platz freigehalten, obwohl im futuristischen Glaspavillon mit beweglicher Dachöffnung viele Sitzplätze frei sind. Die meisten Leute sitzen draußen in der Sonne. Die beiden sind aus Coburg und Nürnberg; der eine kennt sogar unsere Stadt und die Nachbargemeinden, auch meine Heimatstadt Hof. Wir gehören eben zu den seltenen Vögeln, die hier und überall stets kommunizieren und sich deshalb nie wie Fremde fühlen.

Wie war das früher?

Die alte Eibsee-Seilbahn, die 2017 eingestellt wurde, entstand 1961 und 1962. Gleich die Jungfernfahrt am 1. Dezember 1962 scheiterte, weil angeblich ein Journalist gegen einen Steuerungsschrank geprallt sei, wodurch sämtliche Bremsen gleichzeitig aktiviert wurden, was zu einer Gewaltbremsung führte. Ganz langsam musste die Kabine zu Tal fahren. Nach einem Orkan mussten zusätzliche Sturmsicherungen eingebaut werden, so dass die Bahn erst sechs Monate später in Betrieb gesetzt werden konnte. Die Förderleistung von 300 Personen pro Stunde galt damals schon veraltetet. Es gab lange Wartezeiten, was Gäste verprellte, die dann lieber mit der Bahn fuhren oder gar nicht. Bereits 2008 fasste man einen Neubau ins Auge. Nach 54 Jahren Betriebszeit, in denen über 21 Millionen Fahrgäste befördert wurden, stellte die Eibsee-Seilbahn am 2. April 2017 den Betrieb ein.

Die neue Zugspitzbahn

Diese Seilbahn stellt viele Rekorde auf. Die einzige Stütze gilt mit 127 Metern Höhe als die höchste Pendelbahnstütze in Stahlbauweise und höchste Europas. Sie überwindet die 4.467 Meter zwischen Eibsee und Zugspitzgipfel und die Höhendifferenz von 1.945 Metern in zehn Minuten. Die Beförderungsleistung beträgt nun 580 Personen pro Stunde. Pro Kabine finden bis zu 120 Personen und ein Fahrgastbegleiter Platz. Die Kabinen sind rundum bis zum Boden verglast und haben eine Scheibenheizung. Die ursprünglich veranschlagten 30 Millionen Euro stiegen auf 50 Millionen Euro.

Zur großen, neuen, modernen Seilbahn ins Tal müssen wir erst noch mit der Gletscherbahn wieder nach oben. Der Blick zum Himmel bestätigt unsere Befürchtungen: Es nebelt sich wieder ein. Unser Timing war also perfekt. Zwar verläuft die erste Hälfte der Seilbahnfahrt durch dichten Nebel, aber kurz bevor wir zur

großen und einzigen Stütze hinaufgeklettert sind, tut sich der Himmel unter uns auf und der gletscherblaue Eibsee zeigt sich in voller Größe. Durch den großen Abstand zwischen der Stütze und der Berg- und Talstation hängt das Seil sehr weit durch. Die Abfahrt beginnt also recht steil nach unten, dann folgt der langsame Aufstieg zur Stütze fast bis zum Stillstand und dann geht es weiter mit normaler Geschwindigkeit bis ins Tal. Dort fädelt sich die Gondel langsam in die Haltebucht ein.

Nach zehn Minuten insgesamt landen wir auf der betriebsamen Großbaustelle im Tal. Wegen der vielen Baustellen und noch unfertigen Wege und Zufahrten sieht alles irgendwie grau aus und verstaubt.

Wir haben noch genau 15 Minuten Zeit, bis die Zugspitzbahn nach Garmisch-Partenkirchen startet. Beim Blick in die Höhe ist von der Zugspitze nichts zu erkennen. Eine dichte Nebelwand breitet sich aus vom Eibsee bis hoch an den Bergwald. Die nächste ankommende Gondel in Schwarz ist kaum auszumachen. Symbolisch klopfen wir uns auf die Schultern, dass wir instinktiv das richtige Zeitfenster erwischt haben. An der Bahnstrecke liegen fünf Kühe parallel im rechten Winkel zum Radweg. Was die wohl machen? Radler gucken.

Weitere Bücher von den Autoren

Norderney – im Winter
kein Fall von Toter Hose

Wenn die Weihnachtsurlauber abreisen, beginnt für die Gäste eine reizvolle Zeit ohne Fremdbespaßung. Einsam ist es trotzdem nicht, bei rund 5.000 Urlaubern, Reha-Kliniken eingerechnet. In den Restaurants, wo sich auch die Norderneyer treffen, gibt es genug Platz. Vier Fünftel der vier Kilometer langen Insel sind Dünen mit Rad- und Wanderwegen. Mittendrin liegt die „Weiße Düne".

Das gemütliche Restaurant mit Bullerofen und Wolldecken in den Freiluft-Strandkörben bietet rustikale Speisen.

Fast luxuriöse Kur- und Badeeinrichtungen versprechen Spaß und Entspannung. Im Conversationshaus am Kurpark gibt es Konzerte,

Lesungen, eine Bibliothek, Spiele und ein Internetcafé. Das pompöse Kurtheater im Tudor-Stil dient auch als Kino. Etliche Museen haben geöffnet. Der autofreie Ort selbst lädt ein zum Flanieren.

ISBN: 978-3-7392-4299-6, 7,99 € E-Book 4,99 €

Azoren – wundersame Welt im Atlantik

Der Archipel der neun Vulkan-Inseln ragt aus den

Tiefen des Atlantiks. Dieses Paradies begeistert Wanderer und Entdecker mit unzähligen blauen und grünen Kraterseen in bewaldeten Schluchten, heißsprudelnden Quellen und geselligen Thermalbädern.

Die Hauptinsel São Miguel betörte uns mit Teeplantagen, kleinen Häfen, Dörfern und üppigen Hortensien-Girlanden längs der Autostraßen. Wir bestaunten botanische Dinosaurier der Gentlemen Gardens in der Hauptstadt Ponta Delgada und verließen jedes Restaurant mit dem Gefühl von guter, ehrlicher Küche.

Auf der Insel Pico mit seinen Weltkulturerbe-

Weingärten, reifen die Reben in Lavakränzen zu besonderem Wein. Wir erklommen den Pico, mit 2.351 Metern der höchste Berg Portugals. In Horta auf der Insel Faial, dem Sehnsuchtshafen der Atlantiksegler, sogen wir am Atem des Mittelalters und der Zeit der ersten Atlantik-Telefonkabel.

ISBN: 978-3-7412-8040-5, 11,99 €, E-Book 4,99 €

Rom – mit einer Kunsthistorikerin

Rom ist keine Stadt zum Ablaufen, Gucken, Pizza essen und gut.Unser Guide Eva wählte gut aus, damit wir nicht von touristischer Masse überfüttert wurden und uns trotzdem auf einer geschichtlichen Zeitachse orientieren konnten. Fasziniert verfolgten wir die Rivalität der Barockbaumeister Bernini und Borromini. Mit Brunnen, Palazzi, Skulpturen und Kirchenbauten schaukelten sie sich im abgrundtiefen Hass gestalterisch gegenseitig hoch und schufen im Auftrag der Päpste Meisterwerke für die Ewigkeit. Bald lechzten wir nach Bildern von Caravaggio, dem wilden cholerischen Maler, der seinen Heiligen schmutzige Füße und das Antlitz seiner nicht gesellschaftsfähigen Geliebten Lena verlieh. Eva weihte uns in die Skandale der Barockzeit ein, dass wir uns wie Schlüsselloch-Gucker fühlten. Wir besuchten die Kulissen der Antike und berühmter Filme wie Ben Hur, La Strada und cineastischen Bilder von Roberto Rosselini, Federico Fellini, Vittorio De Sica und Luchino Visconti. Beeindruckende Paläste und Kirchen, berühmte Straßen und Plätze brachten unsere Herzen in Aufruhr und ließen uns den Atem stocken. Fast argwöhnisch beobachtete uns Eva beim fleißigen Mitschreiben, weil sie wohl ahnte,

dass wir viel von dem notierten, was sie zwischen den Zeilen, manchmal auch trotzig zwischen den Zähnen loswerden wollte und was in keinem üblichen Reiseführer nachzulesen ist.

ISBN: 978-3-7448-5660-7, 12,90 €, E-Book 4,99 €

Patagonien – ein aufregendes Ende der Welt

Patagonien ist riesig. Von Norden bis Süden eine Distanz wie Paris und Teheran. Das fährt man nicht einfach so ab. Da muss man die Höhepunkte kennen und wie man am besten von A nach B kommt; sonst ist man Jahre unterwegs in unendlicher unbewohnter Pampa, durch Wüsten, über Gebirge und Gletscher.

Dieses Buch beschreibt die Reise einer zwölf-
köpfigen Gruppe, die mit dem deutschen Ver-
anstalter SKR (Mängel beschrieben!!) und deutscher Reiseleiterin vierzehn Tage unterwegs
war, mit Flugzeug, Omnibus und Schiff. Sie
erlebten Ushuaia, die südlichste Stadt der Welt
am Beagle-Kanal, den argentinischen Nationalpark Terra del Fuego
(Feuerland), ein Biber-
Reservat, El Calafate
und den Perito More-
no-Gletscher, Puerto
Natales und den chile-
nischen Nationalpark
Torres del Paine mit
dem Gray-Gletscher
und seinen grandiosen
turmartigen Granitber-
gen, ein Asado-
Festmahl auf einer Es-

tancia, die Hafenstadt Punta Arenas und eine
riesige Pinguinkolonie mitten in der Magel-
lanstraße. Beeindruckend war Buenos Aires als
zweitägige Reiseunterbrechung auf der Hinrei-
se mit Stadtführungen zu den wichtigsten Sehenswürdigkeiten. Die Heimreise stückelten
wir mit Stippvisiten in der chilenischen Hauptstadt Santiago, dem Weinanbaugebiet Casab-
lanca und Valparaiso, die berühmte Hafenstadt

der mit Malereien verzierten Fassaden; alles Sehnsuchtsorte des Dichters Pablo Neruda, von dem wir zwei seiner künstlerischen Anwesen besuchten.

Am Ende dieser Reise begreift man, dass Patagonien nicht einfach eine Region ist, sondern die Summe menschlicher Schicksale von Indianern, Abenteurern, Forschern, Entdeckern, Hasardeuren und Lebenskünstlern auch aus Europa, aus Deutschland

Mit diesen Reisebeschreibungen kann sich jeder seine Tour selbst zusammenstellen und uns einfach hinterher reisen. Vor allem weiß man dann, wo die Tops sind und welche Flops man besser vermeidet.

ISBN: 978-3-7431-8152-6, 11,99 €, E-Book 5,49 €

Island mit dem Schiff

Das Bereisen von Island, die Sehnsuchtsinsel Vieler, bedingt aufwendige Vorbereitungen, wenn man sich alleine auf den Weg macht. Man braucht ein geländegängiges Fahrzeug und mehrere Wochen Zeit für **ein paar tausend Kilometer** auf der Ringstraße ohne Abkürzungsmöglichkeiten und die unbedingte Reservierung von Übernachtungen. Denn in den klimatisch akzeptablen Sommermonaten strömen 2,3 Millionen Besucher auf die Insel.

Allein im September 2016 zählte das Touristik-amt 378.300 Übernachtungen. Wir bevorzugten eine **Schnupperreise über zehn Tage**. Die passende Idee fanden wir als Reisereportage in einer Tageszeitung: Flug nach Reykjavik und dann aufs Schiff. Das Expeditionsschiff Ocean Diamond der Reederei Iceland Pro Cruises versprach eine Rundreise mit täglichen Stops in strategisch wichtigen Häfen, um von dort aus mit Bussen die wichtigsten Sehenswürdigkeiten zu erreichen. Abendrobe darf zuhause bleiben.

Die Expeditions-Crew besteht aus pfiffigen jung-gebliebenen Isländern mit guten Deutschkenntnissen und beeindruckendem Hintergrundwissen über das Leben auf Island, über seine Menschen und Schicksale, über die Historie und den ständigen Kampf mit den Naturgewalten. Jeden Abend gibt es einen Port-Talk, der über die Sehenswürdigkeiten des nächsten Tages informiert. Schon zuhause konnten wir verschiedene Ausflüge buchen.

Die Stops sind **Stykkishómur, Isafjördur,**

Siglufjördur, **Akureyri, Husavik, Seydis-fjördur** und auf den **Westmänner-Inseln**, bei gutem Wetter auch in **Djupivögur** und auf der **Insel Grimsey**. Die Busausfüge gehen zur Halbinsel **Snaefellsnes** mit seiner zerklüfteten Südküste, über die Bergpässe der **Westfjorde,** zu mehreren Wasserfällen, zum Mückensee, zum Plansch in himmelblauem Thermalwasser, zum blubbernden, zischenden **Solfatarenfeld Hverarönd** und immer wieder zu Wülsten und Schluchten, wo sich die amerikanische und eurasische Erdplatte auftürmen und auseinanderdriften. Zum **Naturreservat Skalanes** geht es mit einem Amphibienbus durch reißende Flüsse, Wanderungen und Vorträge weihen ein in das allgegenwärtige Karma der Naturgewalten aus Feuer und Eis und die Anstrengungen von Mensch und Natur, um den Erhalt von Leben auf der Lava.

Nach Rückkehr in Reykjavik folgte noch die Tour zur **Allmännerschlucht,** zum **Geysir Strokkur** und zum **Gullfoss**, dem gewaltigsten Wasserfall Islands. Dank der kenntnisreichen Guides erfuhren wir viel über die Isländer und ihre Sorge vor dem nächsten Winter.

ISBN: 978-3-7460-3453-9, 12,99 €, E-Book 8,99€